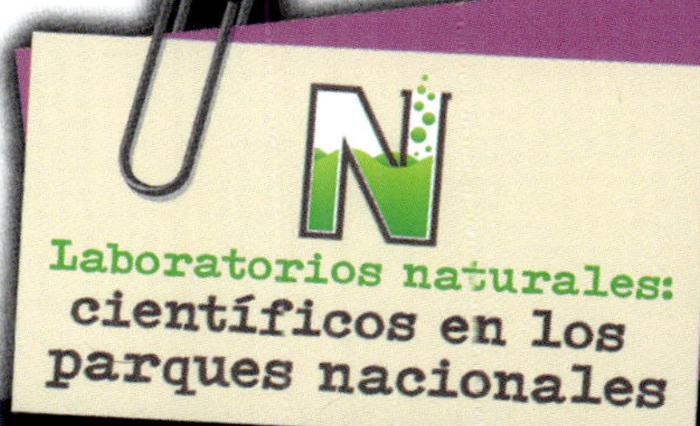

PUERTAS DEL ÁRTICO

Ruth A. Musgrave

Traducción de Santiago Ochoa

Antes, durante y después de las actividades de lectura

Antes de leer: Construir los conocimientos previos y el vocabulario académico

Las estrategias «conocimientos previos» pueden ayudar a los estudiantes a procesar nueva información y establecen un propósito para la lectura. Antes de leer un libro, es importante aprovechar lo que los estudiantes ya saben sobre el tema. Esto los ayudará a desarrollar su vocabulario y a aumentar su comprensión lectora.

Preguntas y actividades para reforzar los conocimientos previos:
1. *Mira la portada del libro y lee el título. ¿De qué crees que tratará este libro?*
2. *¿Qué sabes ya sobre este tema?*
3. *Estudiemos el índice. ¿Qué aprenderás en los capítulos del libro?*
4. *¿Qué te gustaría aprender sobre este tema? ¿Crees que podrías aprender sobre ello en este libro? ¿Por qué sí o por qué no?*

Adquisición de vocabulario académico

La adquisición de vocabulario académico es fundamental para comprender el contenido de los temas. Ayude a su hijo o a sus alumnos a comprender el significado de las siguientes palabras.

Vocabulario del área de contenidos

Lee la lista. ¿Qué significan estas palabras?

adornan	*intacto*	*nómadas*	*remotos*
ecosistema	*meteorológicas*	*prehistóricas*	*resistentes*
indicadores	*migran*	*referencia*	*subártico*

Durante la lectura: Componente de escritura

Las estrategias «durante la lectura» ayudan a establecer conexiones, hacer un seguimiento a la comprensión, generar preguntas y mantener la concentración.
1. *Mientras lees, escribe en tu diario de lectura cualquier pregunta que tengas o cualquier cosa que no entiendas.*
2. *Después de terminar cada capítulo, escribe un resumen del mismo en tu diario de lectura.*
3. *Mientras lees, establece conexiones con el texto y escríbelas en tu diario de lectura.*
   a) *Texto a sí mismo: ¿Qué me recuerda esto de mi vida? ¿Qué sentí al leerlo?*
   b) *Texto a texto: ¿Qué me recuerda esto de otro libro que he leído? ¿En qué se diferencia esto de otros libros que he leído?*
   c) *Texto al mundo: ¿Qué me recuerda esto del mundo real? ¿Había oído hablar de esto antes? (Noticias, actualidad, escuela, etc...).*

Después de la lectura: Actividad de comprensión y extensión

Las estrategias «después de la lectura» ofrecen la oportunidad de resumir, preguntar, reflexionar, debatir y responder al texto. Después de leer el libro, trabaje las siguientes preguntas con su hijo o alumnos para comprobar su nivel de comprensión lectora y dominio del contenido.
1. *¿Qué hace que Puertas del Ártico sea un lugar desafiante para estudiar? (Resume)*
2. *¿Por qué Puertas del Ártico es un parque nacional importante? (Infiere)*
3. *¿Qué aprenden los científicos a través de las excavaciones arqueológicas? (Haz preguntas)*
4. *¿Qué características del parque te interesaría más estudiar como científico del parque? (Conexión del texto consigo mismo)*

Actividad de extensión

Elige un animal salvaje o una planta que viva cerca de ti. Si fueras un científico, ¿cómo lo estudiarías? ¿Qué sabes ya sobre él o ella? ¿Qué te gustaría saber? ¿Qué tipo de preguntas necesitarías responder para protegerla? ¿Hay algo que puedas inventar para ayudar a estudiarla o protegerla?

ÍNDICE

CAPÍTULO UNO

EL CÍRCULO ÁRTICO

El viento, la temperatura, el agua, los terremotos y el tiempo crearon el impresionante paisaje de Puertas del Ártico. Ríos, montañas, bosques y glaciares **adornan** esta tierra virgen.

Los abetos negros crecen en el suelo helado del Círculo Ártico.

En las vastas tierras de Puertas del Ártico hay glaciares, montañas, valles, ríos y arroyos.

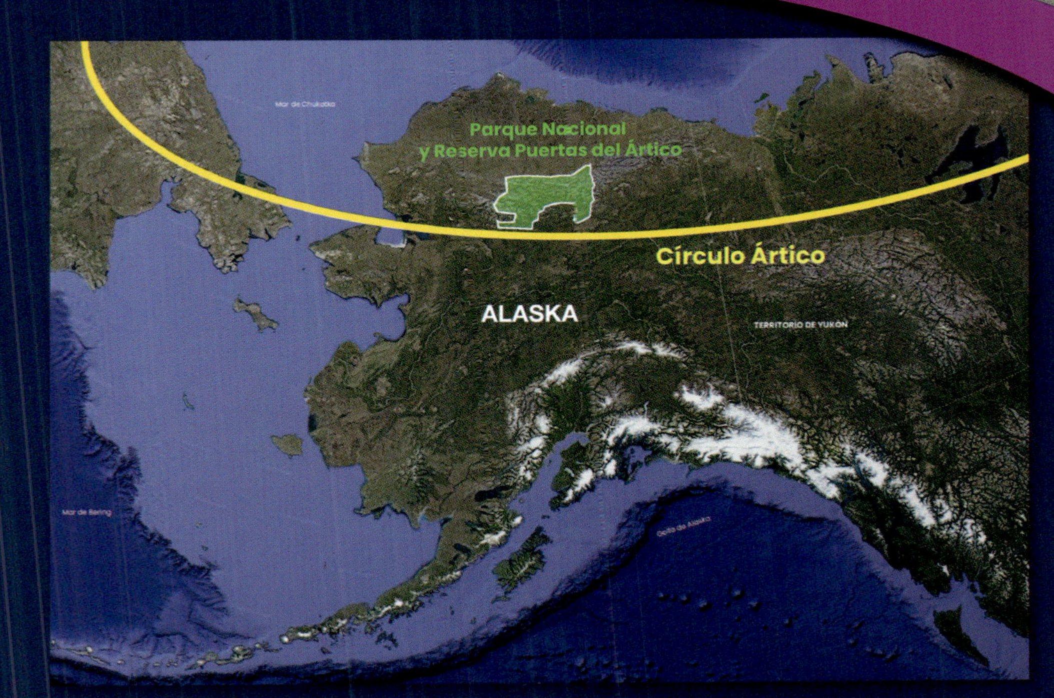

La extensión del ártico

El Ártico incluye todo lo que se encuentra al norte del Círculo Ártico, que está aproximadamente a 66 grados y 34 minutos de latitud norte.

El Parque Nacional y Reserva Puertas del Ártico se encuentra en Alaska, dentro del Círculo Ártico. Este parque de 8.5 millones de acres (3.44 millones de hectáreas) es más grande que el estado de Maryland.

El hábitat de Puertas del Ártico se ha mantenido prácticamente igual desde que llegaron los primeros cazadores **nómadas** hace 13 mil años. No hay carreteras, comercios, senderos ni zonas para acampar. Los visitantes llevan todo lo que necesitan para sobrevivir, ya sea que vayan caminando con un morral, en un trineo tirado por perros o en una avioneta.

Hace miles de años, los primeros cazadores encontraron un paisaje impresionante, con abundante vida salvaje.

Días extraños

Debido a la inclinación de la Tierra, en invierno hay oscuridad 24 horas al día y en verano hay luz 24 horas al día.

El sol sigue brillando a medianoche en pleno verano en el Ártico.

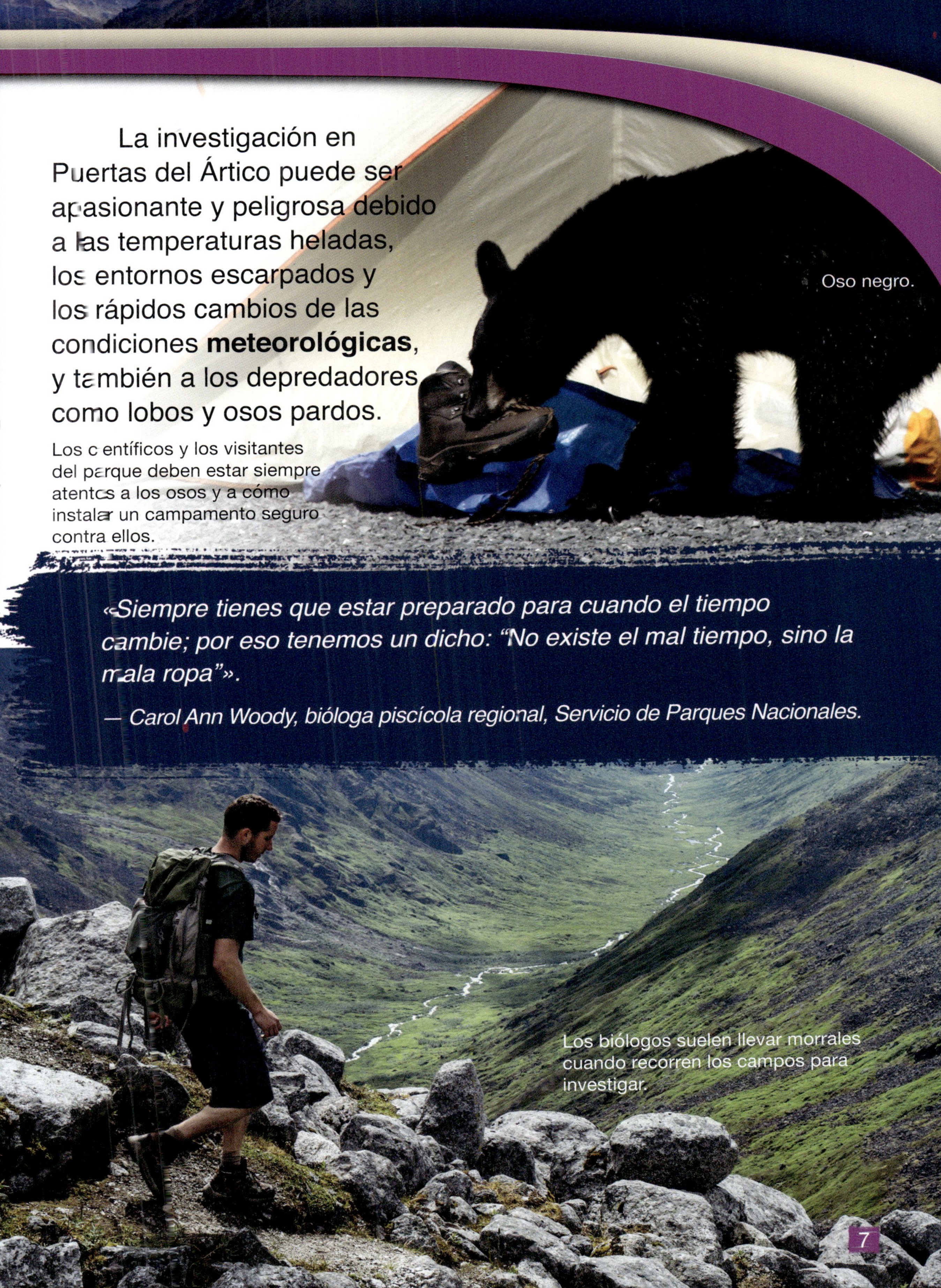

La investigación en Puertas del Ártico puede ser apasionante y peligrosa debido a las temperaturas heladas, los entornos escarpados y los rápidos cambios de las condiciones **meteorológicas**, y también a los depredadores como lobos y osos pardos.

Los científicos y los visitantes del parque deben estar siempre atentos a los osos y a cómo instalar un campamento seguro contra ellos.

Oso negro.

«Siempre tienes que estar preparado para cuando el tiempo cambie; por eso tenemos un dicho: "No existe el mal tiempo, sino la mala ropa"».

— Carol Ann Woody, bióloga piscícola regional, Servicio de Parques Nacionales.

Los biólogos suelen llevar morrales cuando recorren los campos para investigar.

CAPÍTULO DOS

EL TIEMPO Y EL CLIMA

Las plantas y los animales deben ser **resistentes** para sobrevivir en Puertas del Ártico. Las temperaturas oscilan entre −20 y −50 grados Fahrenheit (−29 y −46 grados centígrados) la mayor parte del año.

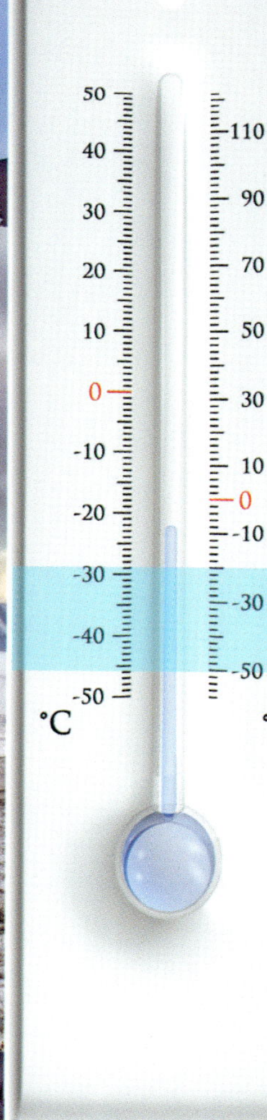

La doctora Pam Sousanes es una científica física del Servicio de Parques Nacionales de los Estados Unidos. Estudia el tiempo y el clima. La información que reúne ayuda a los científicos a determinar cómo el aumento de las temperaturas o la disminución de la nieve afectarán la fauna, la flora y los ríos y lagos de Puertas del Ártico.

Las plantas, como estos abetos negros cubiertos de hielo y nieve, deben ser resistentes para sobrevivir al frío glacial.

Pam utiliza estaciones meteorológicas de última generación para obtener información. Las estaciones meteorológicas están situadas en algunos de los lugares más **remotos**. Las estaciones miden constantemente la temperatura, la humedad, la velocidad del viento, las precipitaciones, la profundidad de la nieve y la temperatura del suelo. La información se envía a un satélite cada hora. Los científicos hacen un seguimiento del clima en tiempo real desde sus computadoras.

Tiempo inclemente

Las estaciones meteorológicas pueden soportar temperaturas inferiores a –50 grados Fahrenheit (–46 grados Celsius) y vientos de 100 millas (161 kilómetros) por hora.

Pam también analiza el tiempo a lo largo del año a partir de los datos recogidos por las estaciones meteorológicas. Luego, otros científicos y ella analizan cualquier patrón que pueda haber entre el tiempo y el comportamiento de los animales, como cuándo salen los osos de sus madrigueras en primavera, si los caribúes han comido lo suficiente u otras observaciones.

CAPÍTULO TRES

LA TIERRA

Debido a las temperaturas de congelación extremas y constantes, Puertas del Ártico es un **ecosistema** de permafrost. Eso significa que, salvo una fina capa que se descongela en verano, el suelo permanece helado todo el año. El permafrost es una parte vital de los entornos ártico y **subártico**. El permafrost determina qué tipos de plantas y animales pueden sobrevivir en el Ártico.

Este corte transversal del terreno muestra la tierra congelada justo debajo de la fina capa descongelada en la superficie.

En algunos lugares del Ártico, el suelo ha estado congelado durante miles de años.

El permafrost es sensible al cambio climático. A los científicos les preocupa que el permafrost se descongele si se produce un calentamiento del clima a largo plazo. Esto causaría problemas catastróficos en todo el Ártico y a los animales, plantas y personas. Los científicos vigilan el permafrost midiendo la cantidad de suelo que se descongela en verano.

Los científicos utilizan diferentes métodos para medir la profundidad del permafrost.

Los científicos utilizan un tubo largo y hueco para perforar el terreno y extraer una muestra de tierra con el fin de medir la profundidad del deshielo y el permafrost.

En Puertas del Ártico crecen árboles, arbustos, plantas con flores, musgos y líquenes. Las hojas, bayas, raíces, cortezas y otras partes de las plantas son un alimento importante para caribúes, bueyes almizcleros, osos, liebres, aves, insectos y otros animales.

Los caribúes buscan comida en la tundra y el bosque boreal.

Los líquenes, como este liquen de los renos, crecen lentamente y viven mucho tiempo.

Plantas árticas

Debido a los cortos veranos árticos, las plantas sólo tienen unos 130 días para crecer. Cuando se acerca el invierno, algunas plantas mueren. Otras dejan de crecer. Algunas plantas pierden sus hojas y otras utilizan las hojas muertas para protegerse del hielo y la nieve.

El ecólogo David Swanson estudia el permafrost y los cambios ambientales reuniendo mediciones y descripciones de plantas y suelos. Realiza un seguimiento del clima y de la temperatura del suelo durante todo el año. David y otros científicos también utilizan fotografías aéreas del parque para vigilar los hábitats mediante el seguimiento de los cambios en las características naturales.

Los osos pardos pasan el verano comiendo y acumulando una gruesa capa de grasa para el invierno.

El bosque boreal atraviesa Puertas del Ártico. Prospera con temperaturas heladas, veranos cortos e incendios forestales. El bosque boreal envuelve la cima del planeta como una corona. Es el mayor bosque **intacto** del mundo y se extiende por el norte de América del Norte, Siberia, el norte de Asia y el norte de Europa.

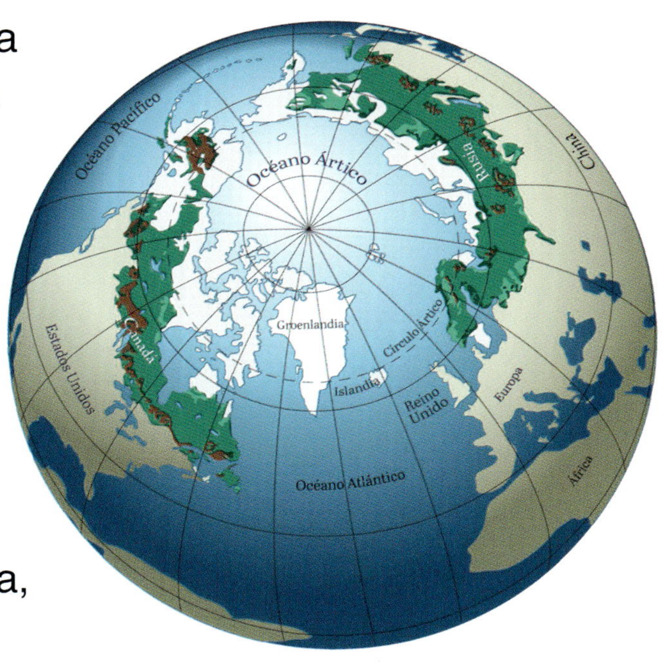

El bosque boreal (señalado en este mapa en verde) rodea la cima del planeta.

Los ríos atraviesan el bosque boreal.

La tundra conecta con el bosque boreal. Al igual que el bosque boreal, la tundra tiene inviernos largos y veranos cortos. Sin embargo, a diferencia del bosque boreal, la tundra no tiene árboles. Rara vez nieva o llueve en la tundra, lo que la convierte en un desierto muy frío.

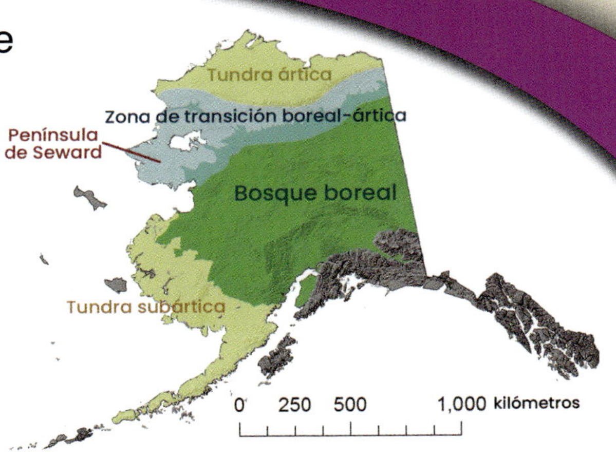

Muchos animales se alimentan de las hojas, el néctar y las bayas de la gayuba.

Veranos cortos, plantas cortas

El frío constante, el viento y los veranos cortos dificultan el crecimiento de las plantas grandes. Las plantas de la tundra son pequeñas y crecen cerca del suelo.

Molly Tedesche es una hidróloga especializada en la nieve. Estudia los cambios en los campos de nieve en Puertas del Ártico. Los campos de nieve son pequeñas placas de hielo permanente acumuladas durante muchos años. Los campos de nieve podrían estar derritiéndose en todo el mundo.

Los científicos utilizan fotos de satélite para examinar los cambios del paisaje. También comparan imágenes de satélite tomadas a lo largo de muchos años para detectar cambios ambientales a largo plazo.

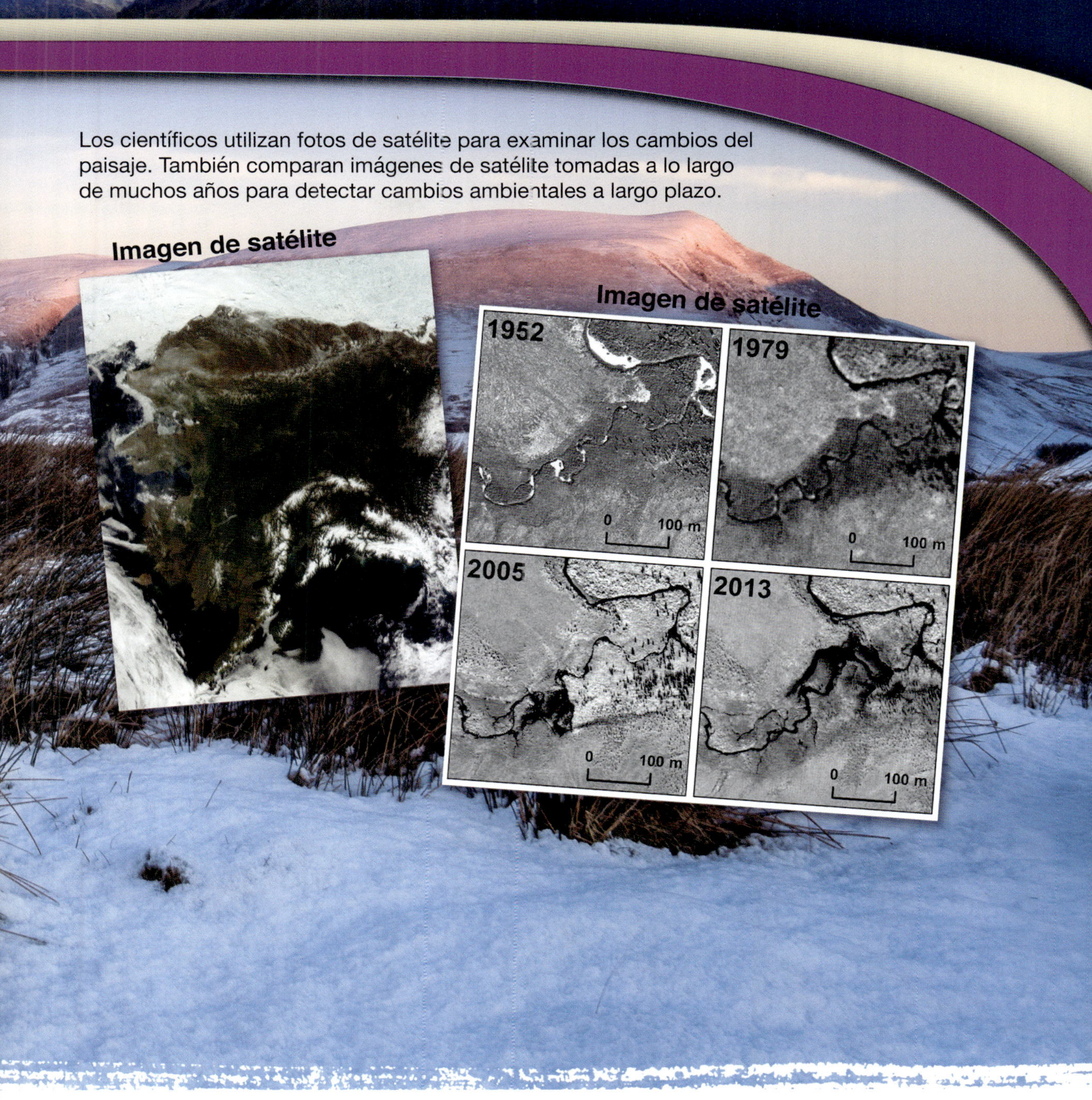

Ken D. Tape es un profesor asociado de investigación. Utiliza imágenes por satélite y fotografías con técnica de cámara rápida para documentar y estudiar los cambios en el paisaje del parque a lo largo del tiempo. Ken compara los aspectos de todo el ecosistema, incluyendo el permafrost, las plantas, los animales y las personas, y cómo interactúan entre sí.

Los ríos, lagos y estanques son hábitats importantes en Puertas del Ártico. A la ecóloga acuática Amy Larsen le fascinan los lagos. Recoge muestras de agua y hace observaciones sobre plantas e insectos acuáticos.

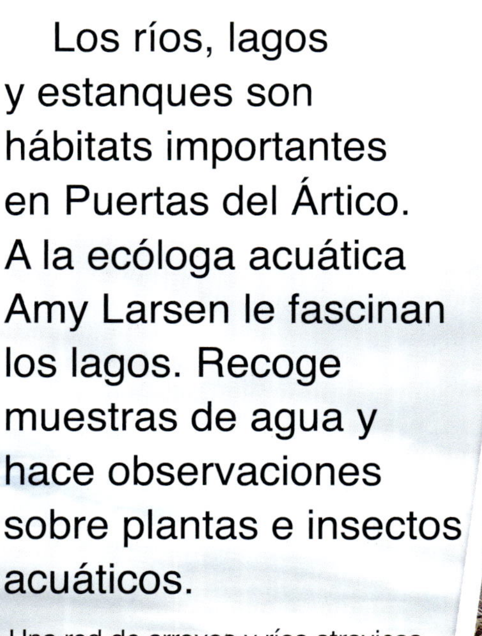

Una red de arroyos y ríos atraviesa Puertas del Ártico.

El estudio de campo forma parte esencial de las investigaciones de Amy.

«Cada lago es único, al igual que las personas, y quiero entender en qué se diferencian, cómo están cambiando y por qué».

— Amy Larsen

Amy viaja a los lagos en una avioneta. Utiliza un equipo informático especial para medir la temperatura, el oxígeno y la cantidad de sal en el agua. Busca patrones en los datos para averiguar si los lagos se parecen o no.

Los científicos analizan el agua recogida en los lagos.

Las avionetas son medios de transporte y herramientas de investigación importantes para los científicos de los parques.

CAPÍTULO CUATRO

LOS CIENTÍFICOS Y LOS ANIMALES

La mayoría de los animales que se encuentran en Puertas del Ártico necesitan enormes extensiones de tierra virgen continua para encontrar suficiente alimento, agua y refugio. Algunos tienen adaptaciones que les permiten permanecer en el Ártico todo el año. Otros **migran** a diferentes lugares en busca de alimento o de un clima más cálido.

Liebre ártica.

Más de 100 especies de aves viven o migran a través de Puertas del Ártico. Las aves son una parte importante de la cadena alimentaria. Los científicos siguen las pautas de migración, alimentación y uso del hábitat de las aves. Los cambios en el comportamiento de las aves, el número de polluelos, los lugares a los que viajan o el tiempo que viven pueden ser **indicadores** de la salud del ecosistema.

Los porrones osculados anidan en el bosque boreal.

Manada de caribúes.

A los caribúes machos y hembras les crecen cuernos.

Miles de caribúes recorren el parque. Los caribúes migran en manadas gigantescas. Recorren más de dos mil millas (3,219 kilómetros) al año. La mayor manada de Alaska, llamada manada occidental, tiene más de 200 mil animales.

A lo largo del año, la manada occidental entra y sale del parque Puertas del Ártico y va hasta Canadá. Migra por un área de 157,000 millas cuadradas (406,628 kilómetros cuadrados). Eso es aproximadamente el tamaño de California. Los caribúes se alimentan de plantas y líquenes. Los lobos, los osos y las personas cazan caribúes.

Una manada de caribúes recorre Puertas del Ártico.

Los caribúes son la principal fuente de alimento de muchos pueblos indígenas del Ártico.

Lobo gris.

El doctor Kyle Joly, biólogo de fauna salvaje, estudia a los caribúes. Una de las formas en que lo hace es siguiendo los movimientos de las manadas. Kyle y el equipo científico capturan temporalmente a algunos caribúes mientras nadan por el río Kobuk durante su migración otoñal. Los científicos colocan a los caribúes collares de seguimiento con GPS.

Para colocarle un collar de seguimiento a un caribú, Kyle sujeta suavemente al joven animal mientras nada por el río.

Los caribúes son excelentes nadadores.

Los collares
recogen datos como,
por ejemplo, por dónde
se desplazan los
caribúes. Los collares
envían la información
a una base de datos
computarizada para
que Kyle pueda seguir
los movimientos de
los caribúes.

Un científico se ocupa de un caribú sedado.

Seguimiento de la población

Los estudios de la población también son una parte importante de la investigación sobre los caribúes. Los científicos fotografían las manadas desde cámaras instaladas en avionetas. Las fotos ayudan a los científicos a recolectar información sobre el tamaño de la población.

Kyle también estudia a los osos pardos. Quiere saber qué hábitats utilizan para buscar comida, dónde hacen sus madrigueras y cómo está la salud general de la población.

Algunos osos pardos pueden comer hasta 30 salmones en un día.

La mayoría de los osos pardos de América del Norte viven en Alaska. Es la segunda población más grande del mundo.

Unos científicos miden rápidamente a un oso pardo y le colocan un collar de seguimiento antes de que se despierte.

Kyle utiliza collares con GPS para rastrear a los osos. Los científicos buscan a los osos desde un helicóptero. Cuando ven uno, le lanzan un dardo tranquilizante y esperan a que se duerma. Un equipo mide rápidamente al oso, recoge material genético y le coloca un collar con GPS en el cuello.

Los collares de seguimiento utilizan tecnología para enviar la ubicación del oso y otra información a una computadora lejana.

Los alces son una parte importante del hábitat del bosque boreal. Una de las formas como el doctor Mathew Sorum estudia las poblaciones de alces es desde el aire. Cuando los científicos sobrevuelan una zona en una avioneta, cuentan el número de alces o rastros de alces que ven y anotan su ubicación.

Los científicos creen que la población de alces podría indicar cambios a largo plazo en el ecosistema del parque. Afortunadamente, el estudio más reciente no ha mostrado cambios en la población de alces en los últimos diez años.

Las crías de alce crecen rápidamente. Nacen en primavera y se independizan de su madre en otoño.

Sólo a los machos les crecen cuernos.

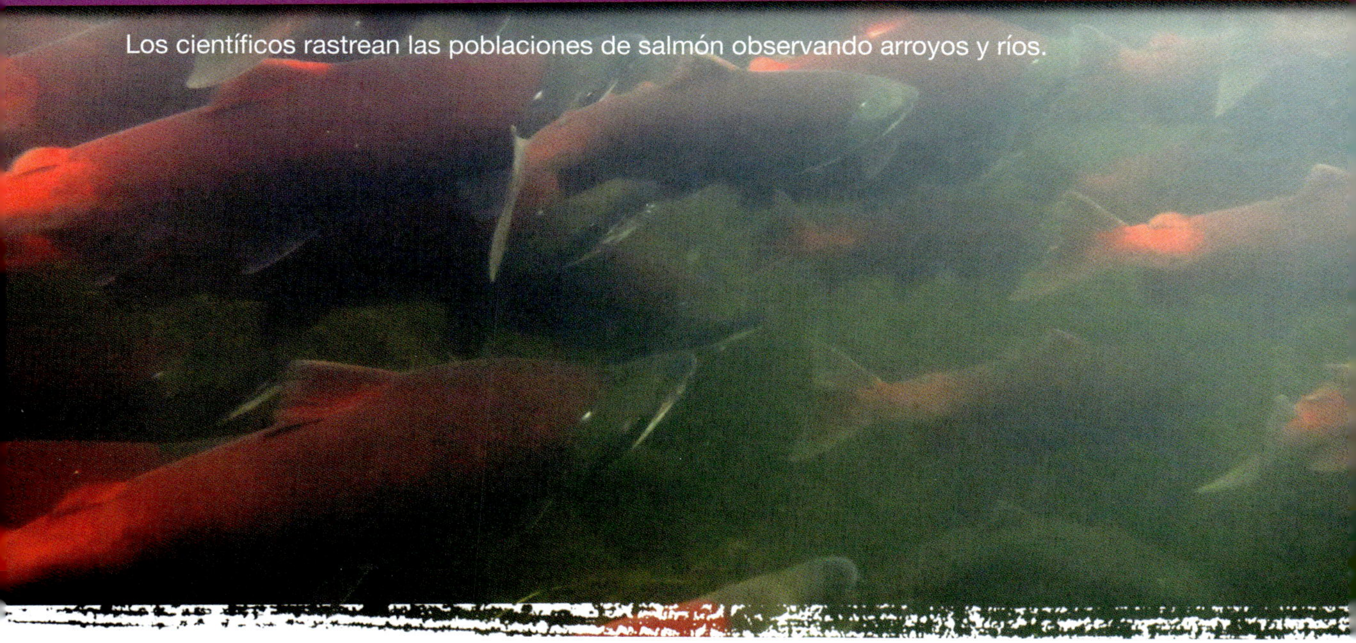

Los científicos rastrean las poblaciones de salmón observando arroyos y ríos.

La doctora Carol Ann Woody, bióloga piscícola regional, y un equipo científico van de arroyo en arroyo en un helicóptero para estudiar los peces del parque. Miden, fotografían y recogen datos de cada pez que capturan y luego lo devuelven al arroyo.

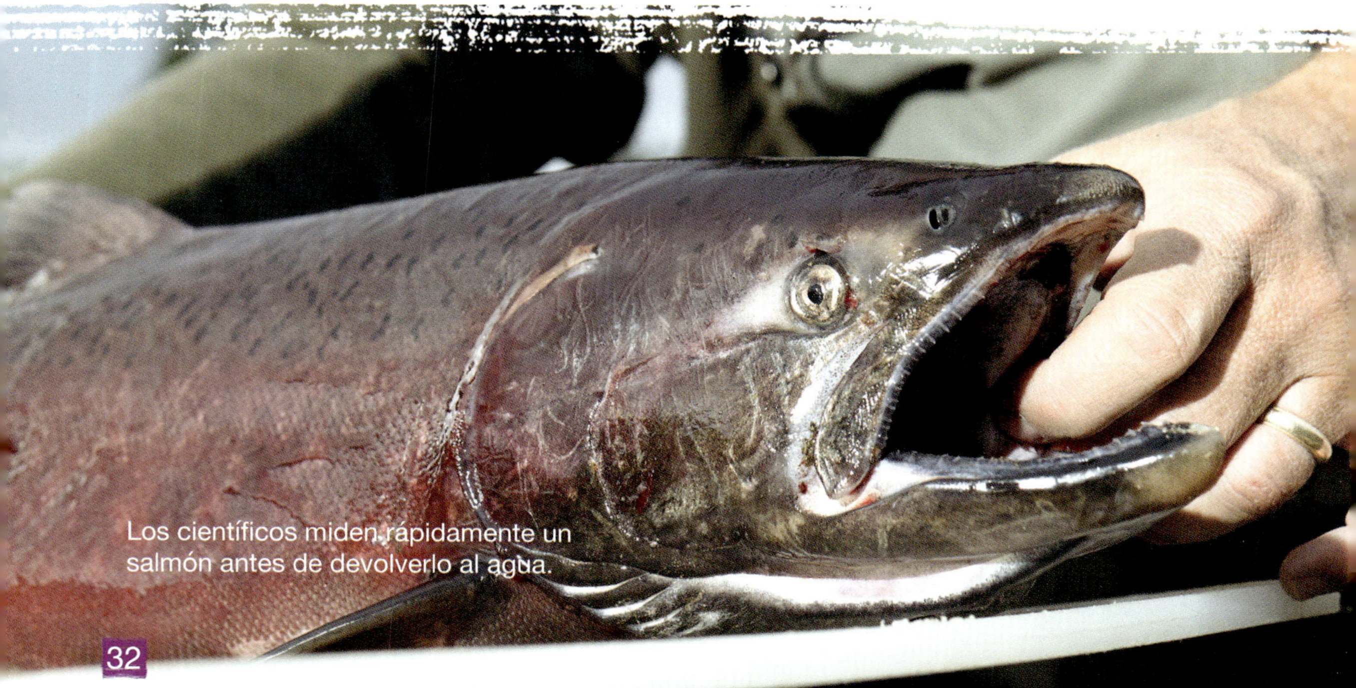

Los científicos miden rápidamente un salmón antes de devolverlo al agua.

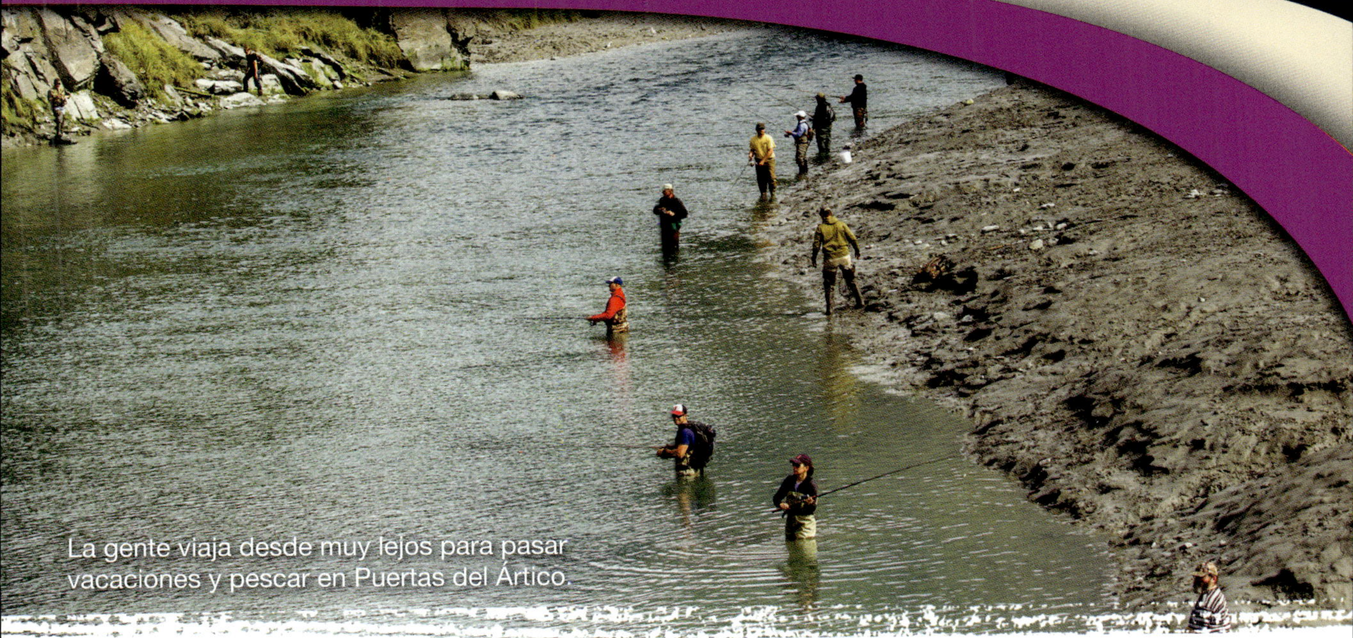

La gente viaja desde muy lejos para pasar vacaciones y pescar en Puertas del Ártico.

Los científicos mapean la ubicación de los peces y la comunican al estado de Alaska para garantizar que la actividad humana y los planes futuros no afecten a su hábitat. Las corrientes de salmón gozan de protección especial porque son una importante fuente de alimento para los animales y los pueblos indígenas.

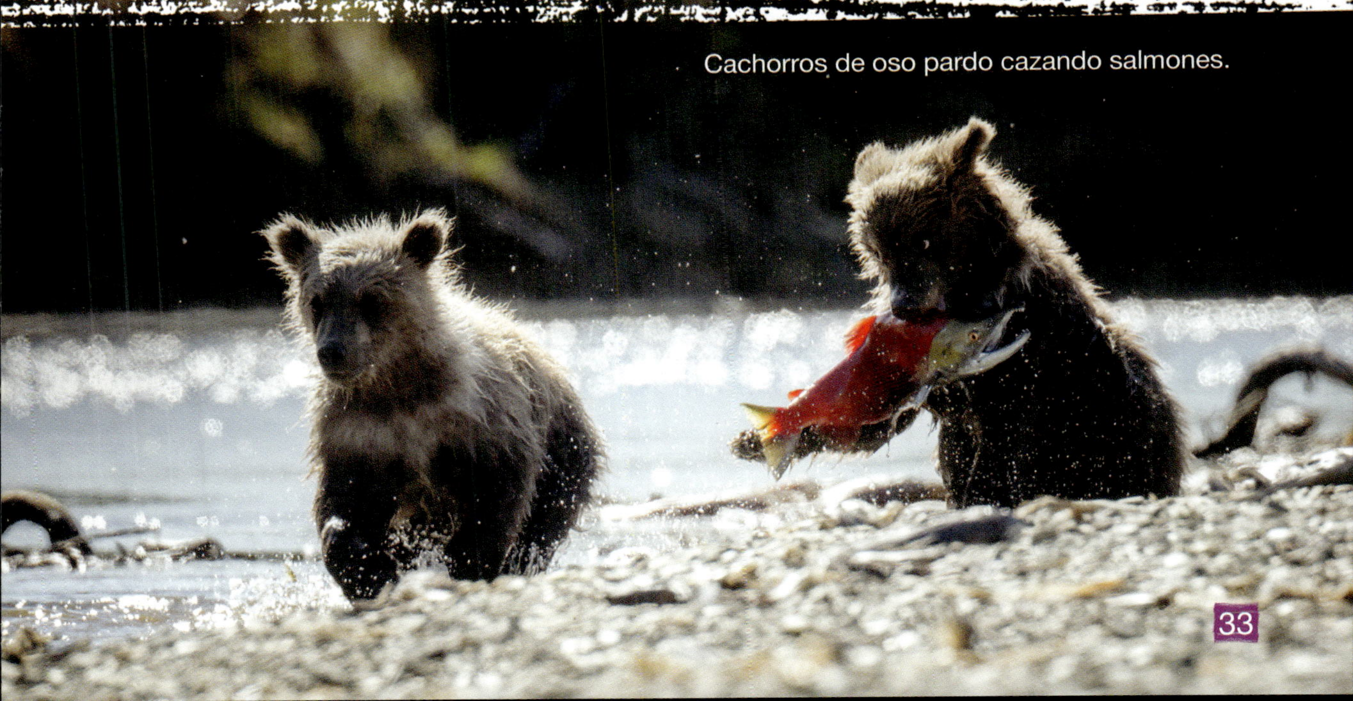

Cachorros de oso pardo cazando salmones.

EL PASADO

Jeff Rasic, arqueólogo de Puertas del Ártico, estudia la prehistoria de los antiguos cazadores-recolectores del norte. Jeff y otros arqueólogos trabajan en zonas remotas, escarpadas y a menudo poco exploradas del parque. Quieren saber cómo vivían los pueblos antiguos y cómo utilizaban la tierra y los recursos.

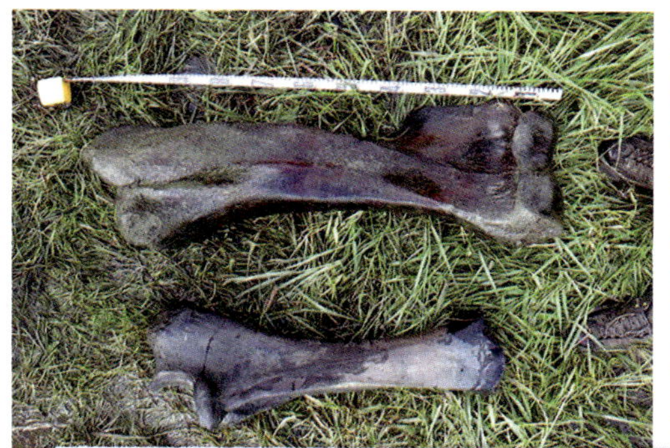

Jeff mide y fotografía objetos antes de sacarlos de la tierra.

Los arqueólogos del parque calculan que hay miles de sitios antiguos por encontrar y estudiar.

En busca del pasado

Para investigar, Jeff y los demás arqueólogos viajan en avioneta a las zonas de difícil acceso y luego bajan a pie o en balsa por los ríos en busca de sitios.

Avioneta utilizada para investigaciones.

Unos científicos descubren un objeto antiguo.

Estas herramientas de hueso tallado fueron elaboradas por antiguos pobladores de Alaska.

Los científicos descubren antiguos campamentos o lugares de caza. Encuentran herramientas de piedra, huesos y cuernos. Estos objetos les revelan cómo cazaban las personas. El carbón de antiguas hogueras y los huesos de comidas **prehistóricas** les dicen qué y dónde comían las personas hace miles de años.

Arqueólogos investigando un posible sitio prehistórico.

Hasta ahora, Jeff y los demás arqueólogos han descubierto casi dos mil sitios arqueológicos. Recientemente, descubrieron una punta de lanza en el carbón de una antigua hoguera que data de hace diez mil años.

El doctor Ben Gagliotti, un paleoecólogo, excava y mapea fósiles de plantas y animales prehistóricos. Esto ayuda a los científicos a entender la fauna prehistórica y los cazadores-recolectores de la época.

Los arqueólogos buscan pistas sobre el uso de algunos artefactos prehistóricos, como estos hechos con huesos.

Los arqueólogos encuentran puntas de lanza y de flecha rotas y completas elaboradas por antiguos cazadores.

Los fósiles hallados en el parque datan de hace 400 millones de años.

CAPÍTULO SEIS

EL PRESENTE

En Puertas del Ártico viven atabascanos, esquimales Nunamiut, esquimales de los ríos Kobuk y Noatak y diversos pueblos no autóctonos de Alaska. El uso de los recursos de Puertas del Ártico para la subsistencia es una forma de vida y una parte esencial de su cultura, tradiciones e historia. Dependen de la caza, la pesca y la recolección de plantas.

Pescado secándose en rejillas de madera.

«La subsistencia es una de las formas en que los pueblos nativos de Alaska han preservado sus culturas. Este modo de vida no se limita a la tierra. Se extiende al cielo, a las aguas y a los ríos. Las criaturas de la Tierra se entregan a las personas, que a su vez comparten con la familia y los amigos, dando forma a relaciones que celebran la vida».

—Helga Eakon, coordinadora interinstitucional del Servicio de Pesca y Vida Silvestre de los EE. UU.

Aunque algunos aspectos de la vida cotidiana hayan cambiado, las plantas, los animales y la tierra siguen siendo esenciales para los habitantes de Alaska.

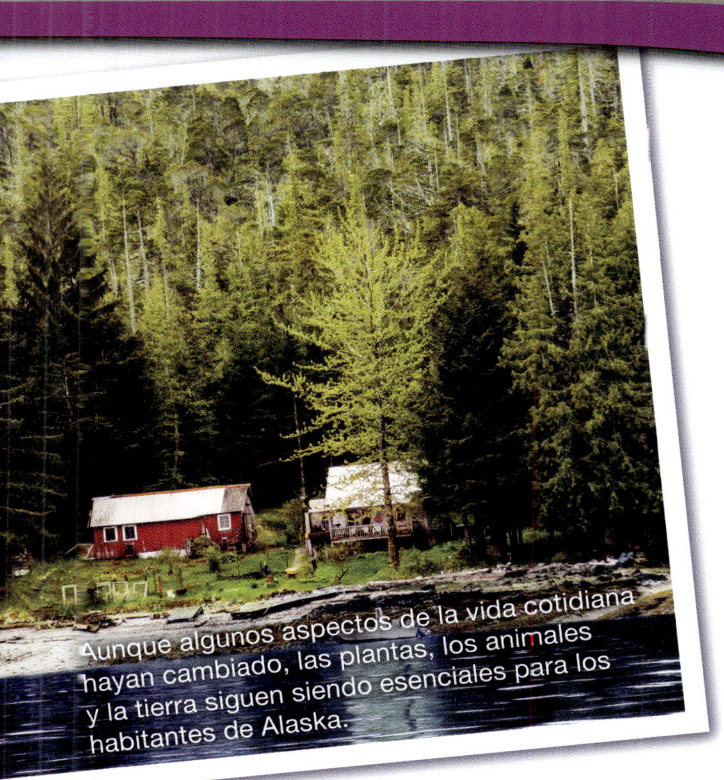

Los estudios de las tendencias a largo plazo de los hábitats y las poblaciones animales son fundamentales para comprender, gestionar y proteger a los animales y a las personas que dependen del ecosistema de Puertas del Ártico.

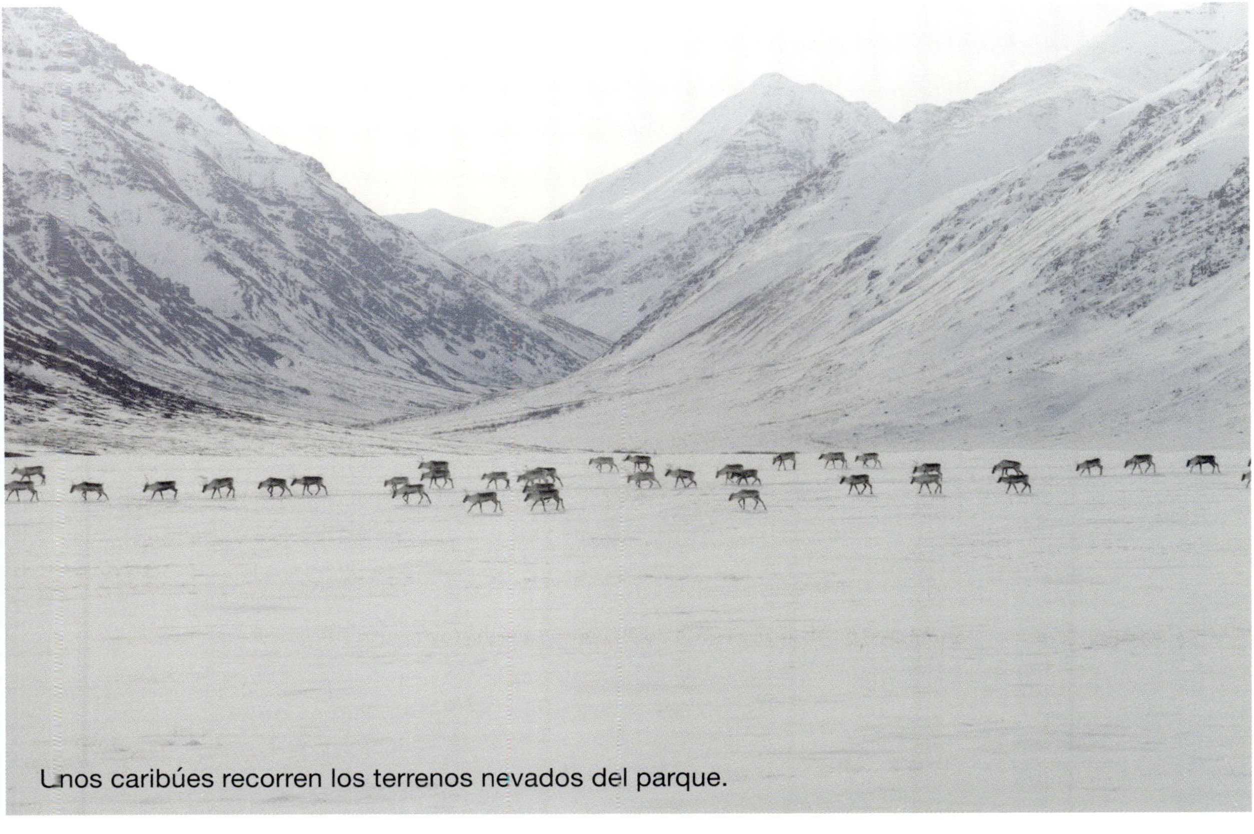

Unos caribúes recorren los terrenos nevados del parque.

Puertas del Ártico es el tercer espacio natural más grande de los Estados Unidos.

Dentro del parque, los espacios naturales designados tienen el mayor nivel de protección. La planificadora de espacios naturales Kristin Pace se encarga de preservar el carácter de estas zonas.

Kristin trabaja con los guardias del parque para recopilar información y hacer un seguimiento de las condiciones a fin de determinar las condiciones básicas ideales de **referencia** de los lugares naturales. También examina las actividades humanas dentro del parque para asegurarse de que no afecten negativamente los espacios naturales.

«El Ártico requiere mucha preparación y flexibilidad. No hay nada seguro cuando se viaja por el Ártico. Las sorpresas hacen la vida mucho más emocionante».

—*Kristin Pace*

Los científicos y visitantes de Puertas del Ártico deben llevar todo lo necesario para sobrevivir.

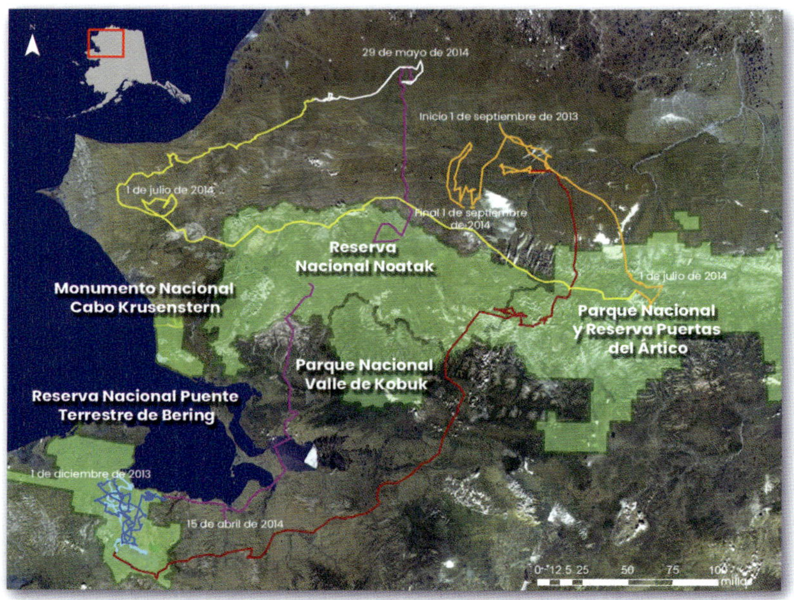

Este mapa muestra cómo transitan los caribúes por Alaska.

Puertas del Ártico es sólo uno de los parques nacionales de Alaska. Los caribúes y otros animales migran por toda Alaska y más allá. Los científicos del parque colaboran estrechamente con investigadores de otros parques conectados a través del Programa de Inventario y Seguimiento de la Red Ártica.La Red Ártica incluye cinco parques nacionales y reservas en el norte de Alaska y representa algunos de los lugares más remotos e inalterados del mundo.

La Red Ártica de Parques de Alaska abarca varias millas de tierras remotas.

Protegiendo los espacios naturales de Alaska

Los parques de Alaska representan el 60 % de todo el territorio del Sistema de Parques Nacionales de los Estados Unidos. Incluyen los parques más remotos, con más de 3,095 millas (4,981 kilómetros) de costa y 52 millones de acres (21,043,653 hectáreas) de espacios naturales.

Los científicos del parque estudian las plantas, los animales e incluso el suelo helado para ayudar a mantener sano todo el ecosistema.

Los científicos de Puertas del Ártico hacen un seguimiento de la salud y las poblaciones de plantas, animales y ecosistemas en condiciones extremas. Esta información se utiliza para proteger los hábitats, los animales, las plantas, las redes alimentarias y, en algunos casos, predecir o rastrear los cambios climáticos.

*«El objetivo del Parque Nacional y Reserva Puertas del Ártico es preservar el carácter vasto, salvaje y **virgen**, y la integridad medioambiental de la cordillera central de Brooks en Alaska, así como ofrecer oportunidades de recreo en la naturaleza y usos tradicionales de subsistencia».*
—Servicio de Parques Nacionales.

Puertas del Ártico es un vasto y agreste laboratorio natural a la espera de que lo exploren futuros científicos.

EXCAVANDO EN EL PASADO

Descubre cómo los científicos utilizan las pistas de los campamentos prehistóricos para aprender sobre pueblos antiguos. ¡Piensa como un arqueólogo y escarba en tu papelera de reciclaje!

Materiales

- Artículos limpios de la papelera de reciclaje.
- Papel.
- Lápiz.

Instrucciones:

1. Clasifica cuidadosamente los objetos de una papelera de reciclaje con el permiso de un adulto.

2. Averigua cuál es la mejor manera de representar tus datos; por ejemplo, con gráficos, por escrito o de forma artística.

3. Piensa como un científico y calcula cuánto tiempo hace que se utilizaron los objetos y cuántos días representan. ¿Qué tipo de información puedes obtener sobre las personas que utilizaban los objetos? ¿Qué otra información sería útil para comprender a las personas que utilizaban los objetos?

Glosario

adornan: Que mejoran o embellecen algo.

ecosistema: Área que incluye seres vivos, como plantas y animales, y su uso o interacción con seres no vivos, como el paisaje o el clima.

indicadores: Puntos de referencia que brindan información sobre un proceso o situación.

intacto: Que no ha sido tocado, que ha permanecido igual, que no le falta nada ni se ha deteriorado.

meteorológicas: Relacionadas con aspectos del clima, como las lluvias, la temperatura, la humedad, los vientos, etc.

migran: Cuando los animales se desplazan de un lugar a otro en busca de alimento o pareja, o debido a las estaciones.

nómadas: Personas que viajan de un lugar a otro en busca de comida o mejor clima en lugar de permanecer en un solo lugar.

prehistóricas: Relativas a tiempos anteriores al lenguaje escrito o a la historia.

referencia: Información o datos utilizados como punto de partida o comparación.

remotos: Alejados de cualquier ciudad o pueblo, de difícil acceso o aislados.

resistentes: Fuertes o duros.

subártico: Zona de la Tierra situada debajo del Círculo Ártico.

virgen: Que no ha sido modificado por la acción de las personas.

Índice analítico

Demuestra lo que sabes

1. ¿Quiénes fueron los primeros pueblos que utilizaron las tierras de Puertas del Ártico y cuándo llegaron?

2. ¿Cómo utilizan los científicos sus investigaciones para proteger los recursos y el medio ambiente?

3. ¿Cuál es la diferencia entre la tundra y el bosque boreal?

4. ¿Cómo puede el seguimiento de caribúes, alces y otros animales y sus hábitats ayudar a las personas de todo el mundo a entender cómo influyen en el ecosistema?

5. ¿Por qué es importante Puertas del Ártico para los nativos de Alaska?

Sobre la autora

Ruth A. Musgrave habla con las tortugas, tiene estrellas marinas en los ojos y cuenta a los tiburones entre sus amigos más fieles. Ruth es también una galardonada autora de cientos de artículos sobre animales y más de 19 libros, entre ellos *Mission Shark Rescue: All About Sharks and How To Save Them* (National Geographic Kids, 2016). Ruth es, además, naturalista y una afortunada autoestopista en cruceros de investigación oceánica que incluyen inmersiones en las profundidades marinas. Más información en www.ruthamusgrave.com.

www.rourkebooks.com

Special Thanks to ARCUS.ORG for their research and contributions.

PHOTO CREDITS: Cover foreground photo © gillmar—Shutterstock.com, cover bkground photo and title page ©R. Vickers—Shutterstock.com, card with paper clip art © beths—Shutterstock.com; contents page © SeventhDayPhotography | istockphoto.com; www.istock.com. www.shutterstock.com. PAGE 4-5: unUnlucky, TT, BlueDoorEd. PAGE 6-7: Elizabeth M. Ruggiero, Natalia Bratslavsky, ralphradford, DCrane08.   PAGE 8-9: hlsnow, troutnut, mkrol.PAGE 10-11: National Park Service Photo, Bizi88, AdrianHancu. PAGE 12-13: R. Vickers, bl utack, USGS, USGS photo, Benjamin Jones. PAGE 14-15: Kjoland, Jonathan Mauer, coffeechcolate. PAGE 16-17: HaizhanZheng, aroderick, mlharing, NancyS, National Park Service Photo. PAGE 18-19: Melissa Barker (PolarTREC 2012), Courtesy of ARCUS, munro1, Ken Tape. PAGE 20-21: Lukas Bischoff, www.arcus.org, Amy Larsen-National Park Service, Sofiia Dorsey, Viktor Loki, www.arcus.org. PAGE 22-23: YGH, SeventhDayPhotography, Sergey Uryadnikov, John Pennell. PAGE 24-25: National Park Service Images. PAGE 26-27: National Park Service Images. PAGE 28-29: webguzs, oksanaphoto, redfishweb, Frank van Manen, USGS. PAGE 30-31: Master Sgt. Keith Brown-USMIL, Chase Dekker, Chilkoot. PAGE 32-33: CLP Media, mlharing, Bob Pool, Schaef1. PAGE 34-35: National Park Service/Jeff Rasic, National Park Service. PAGE 36-37: National Park Service Images.   PAGE 38-39: Drying Fish and caribou photos courtesy of NPS, E.F Leffingwell, National Park Service, Jakub Jerabek, Darryl Brooks. PAGE 40-41: Delpixart, page 40 inset photo © Paxson Woelberhttps://creativecommons.org/licenses/by-sa/3.0/deed.en. PAGE 42-43: NPS/Matt Cameron, Jiri Kulisek. PAGE 44-45: National Park Service, Molly E Tedesche.

Edición de: Keli Sipperley
Traducción al español: Santiago Ochoa
Edición en español: Base Tres

Producido por Blue Door Education para Rourke Educational Media. Diseño de la portada de: Nicola Stratford; Maquetación y diseño de los interiores de: Jennifer Dydyk

Puertas del Ártico / Ruth A. Musgrave
(Laboratorios naturales: científicos en los parques nacionales)
 ISBN 978-1-73165-854-8 (hard cover)
 ISBN 978-1-73165-855-5 (soft cover)
 ISBN 978-1-73165-856-2 (e-Book)
 ISBN 978-1-73165-857-9 (e-pub)
Library of Congress Control Number: 2024947389
Printed in the United States of America
01-0342511937